AF467913

LES

CARACTERES DU SIECLE EN VERS.

L'ESPRIT DE LA COUR.

Par M. ***

A PARIS,
De l'Imprimerie de L. SEVESTRE, ruë des Amandiers, au Mont S. Hilaire, vis à vis le College des Grassins.

M. DCC. XXIV.

Avec Approbation, & Permission.

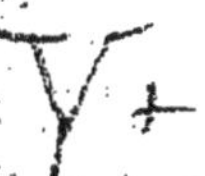

AVIS AU LECTEUR.

L'Auteur promet de donner incessamment au Public la suite des Caracteres du Siecle dans l'Esprit de la Ville, où il dépeindra au naturel les abus qui se glissent dans chaque état.

L'ESPRIT

L'ESPRIT DE LA COUR.

L'ABBÉ.

YCIDAS, c'en eſt fait, tu me retiens en vain,
Ailleurs que dans la Cour je vais chercher du pain;
Trop long-temps d'une ardeur à moi-même importune,
J'ai tenté vainement l'inconſtante fortune,
Du Louvre trop long-temps aſſiegeant les abords,
J'ai fait pour réuſſir d'inutiles efforts,
Mon deſtin ne rencontre, à ſa porte fermée,
Qu'une vaine eſperance, & qu'un peu de fumée,
Qui ſous de beaux dehors trompant mon foible cœur
Sans m'en appercevoir m'ont plongé dans l'erreur;
Ainſi je nourriſſois une folle eſperance,
Dont je croyois goûter les plaiſirs par avance;

Ce charme ſeduiſant occupoit mon eſprit,
Mes amis me diſoient : Pourſuivez, tout vous rit ;
A la Cour quand on veut obtenir quelque choſe,
En vain pour l'obtenir notre eſprit ſe repoſe,
Sans de la patience & des ſoins aſſidus,
Vous avez beau crier, tous vos cris ſont perdus ;
En agir autrement en ce lieu c'eſt un crime.
Avec peine d'abord j'entens cette maxime :
Mais en reflechiſſant ſur mon état fâcheux,
Pourſuivons, ai-je dit, pour un jour être heureux ;
Puiſque l'aſſiduité pour plaire eſt neceſſaire,
A cette dure loi je ne veux me ſouſtraire ;
Sur ce nouveau conſeil fauſſement appuyé,
Quoique bizarre en ſoi, je me ſuis confié ;
Par mes ſoins redoublez je me ſentis renaître
D'une nouvelle ardeur que l'eſpoir me fit naître ;
Eſperant que par là je ferois mon chemin,
Et que bien ſûrement je viendrois à ma fin.
Le Prince m'honoroit d'un regard favorable,
Il ſembloit, me voyant, que ſa main charitable
Voulût déja ſur moi répandre ſes preſens ;
Un plaiſir enchanteur s'emparoit de mes ſens,
Lors qu'un des Courtiſans dix fois m'eſt venu dire :
Le Prince vous a vû, cela doit vous ſuffire,
Ses ordres ſont donnez, il aura ſoin de vous.
Alors je m'eſtimois le plus heureux de tous.

Sur cette fourberie, en ce lieu fort commune,
Pendant un fort long temps j'ai bâti ma fortune;
Fortune ingrate helas! dont le triste revers
M'apprend à mes dépens que le monde est pervers.
Que c'est être insensé dans le siecle où nous sommes
De croire que l'on doit s'appuyer sur les hommes;
Qu'une promesse faite en pleine liberté
Doit s'accomplir toujours avec fidelité,
Et qu'on ne doit jamais manquer à sa parole.
A la Cour aujourd'hui ce discours est frivole;
On y promet beaucoup sans jamais rien tenir;
Tel y commence bien qu'on y voit mal finir.
Je pourrois t'en citer de tout genre un grand nombre
Qui cherchât de l'hōneur n'en ont touché que l'ōbre.
Que crois-tu, Lycidas, de ceux qu'un protecteur
Appuye auprés du Roi pour avoir sa faveur?
Quand ce fin Courtisan qui souvent les méprise,
Vient dire effrontément à cet homme d'Eglise:
Ce matin au lever, en presence de tous,
J'ai parlé comme il faut au Ministre de vous,
En même temps au Roi je vous ai fait connoître;
J'en suis fort satisfait, & vous vous devez l'être;
J'ai vanté votre esprit, votre capacité,
Votre illustre naissance & votre probité;
Et de tous vos talens faisant un assemblage,
J'ai dit qu'aucun Prelat n'en avoit davantage.

De la part de l'Abbé Dieu sçait quels complimens !
Il lui fait aussitôt mille remercimens,
Ne sçachant pas comment la chose s'est passée ;
Car de le proteger ce n'est pas sa pensée,
Mais celle de placer ou son frere ignorant,
Son neveu moins stupide, ou quelqu'autre parent,
Pour lesquels il fait tout, étant sa seule envie.
De ce faux protecteur ignorant la manie,
Il court de grand matin pour lui communiquer
Qu'il sçait qu'une Abbaye est prête de vaquer
Par le decés d'un tel griévement malade,
Auprés duquel il a des gens en embuscade,
Qui doivent lui mander par un courier exprés
Le moment de sa mort, l'heure de son decés ;
Qu'il le prie instamment de lui rendre service,
De demander au Roi pour lui ce Benefice.
Si vous voulez demain je vous y menerai,
Et vous serez témoin de ce que je ferai.
Cet Abbé fort content accepte la partie :
A demain, pensez-y Monsieur, je vous en prie.
Il n'est pas de besoin de lui recommander ;
A peine est-il parti, qu'il va la demander,
Non pas pour cet Abbé qui si fort l'importune,
Mais pour quelque parent dont il fait la fortune.
Le lendemain matin cet Abbé ne s'endort,
D'abord en l'abordant, l'homme, dit-il, est mort,

Je n'en puis pas douter, par un courier fidele.
Hier aprés ~~~ dîner j'en appris la nouvelle.
Sûrement je l'aurai si vous voulez parler.
Cher Abbé, je ne puis ici vous le celer,
Quelqu'autre comme vous en a sçû la vacance,
Qui pour vous prévenir usant de diligence,
Au Roi l'a demandée, & l'on dit au souper :
Ah le joli morceau qu'un tel vient d'attraper ;
Cette Abbaye, dit-on, est fort considerable,
Ce fut là l'entretient pendant toute la table :
Jugez aprés cela de quelle utilité
Et quel succés auroit votre importunité ?
Pour autre occasion remettons la partie.
Mais si ce jeune Abbé sçavoit sa fourberie,
Qu'on le verroit bientôt de la Cour détaler.
A ce brave Officier écoutons le parler.

L'OFFICIER.

C'est un vieil Officier qui revient de l'armée,
Dont toute la vigueur est presque consommée
Par le poids de ses ans, par son sang répandu
Et qui comme un Cesar s'est toujours défendu,
Qui par mille perils s'est acquis de la gloire,
Et dans tous les combats remporté la victoire.
Il veut avec honneur se retirer chez lui,
Pour parler à son Prince il lui faut un appui.

Eh bon jour, lui dit-il; mon ami, qui t'amene?
Viens-tu faire ta cour? Ne te mets pas en peine,
Repose-toi sur moi; je brûle du desir
En toute occasion de te faire plaisir.
Le Roi me fait l'honneur quelquefois de m'entendre;
Je veux qu'il te connoisse, & lui faire comprendre
Avec quelle valeur & generosité
Partout de ton devoir tu t'es bien acquitté;
Je te promets d'honneur, ou bien que je perisse,
Qu'en bref il apprendra le temps de ton service,
Les places, les combats, où tu t'es signalé;
Il t'accordera tout lorsque j'aurai parlé:
Tranquilise-toi donc, mon cher, laisse-moi faire,
J'aurai, je te promets, grand soin de ton affaire.
Ce brave homme confus de ces honnêtetez,
Fait à ce Courtisan mille civilitez.
Combien de braves gens blanchis dans la milice,
N'a-t-on pas abusé par un tel artifice?
Ces protestations & tous ces complimens,
Ces serremens de main, & ces embrassemens
Sont des subtilitez à la Cour ordinaires,
Dont on se sert souvent pour gâter les affaires,
Et j'en connois plus d'un qui sur cela sçavant
T'en instruiroit fort bien, sans aller plus avant;
Car de ce Courtisan quelle est la fourberie?
Il ne l'a pas quitté qu'aussitôt il l'oublie;

Et quand il fait sa Cour à son Prince, à son Roi ;
Au lieu de le servir il ne pense qu'à soi :
Sa seule ambition est tout ce qui l'occupe,
Et de ses complimens ce brave homme est la dupe.
Va-t-il vingt fois chez lui pour sçavoir si Monsieur
Avoit sçû lui tenir sa parole d'honneur,
Un homme de sa suite, & fait à sa manœuvre,
Lui dit : Pour voir Monsieur ce n'est pas ici l'heure,
Il va bientôt partir pour s'en aller aux champs ;
Pour lui parler d'affaire il n'en a pas le temps,
Revenez dans huit jours au retour du voyage.
Adieu, je vais partir avec son équipage ;
Je vous promets d'honneur de lui faire sçavoir
Que vous êtes venu ce matin pour le voir.
Ce brave homme ravi retourne chez son hôte,
Esperant dans huit jours qu'il le verra sans faute ;
Qu'étant par son moyen chez le Prince introdui,
La grace qu'il demande il l'obtiendra par lui ;
Que quelque pension sera sa recompence
D'avoir long-temps servi dans les troupes de France.
Mais il ne pense pas que ce fin Courtisan
Pour le bien designer n'est qu'un vrai Charlatan,
Qui suivant de la Cour l'esprit & la methode,
A tous les demandeurs tous les jours s'accommode,
Par sa protection disant les soûtenir ;
Leur promettant beaucoup sans jamais rien tenir.

Cet homme cependant qui ſur lui ſe repoſe,
N'oſant s'en défier, d'avance ſe propoſe
Qu'il lui convient d'avoir certain habillement,
Pour pouvoir à la Cour paroître noblement ;
Déja de tous côtez des draps on lui preſente,
Pour ſe bien habiller le *varobés* le tente ;
Un habile Tailleur lui fait voir du galon
Qui plaît fort à ſes yeux par ſon échantillon.
Je veux que mon habit ſoit des plus à la mode,
Et ſurtout, le Tailleur, que rien ne m'incommode,
Il trouve en ſon chemin quelqu'un de ſes amis,
Qui lui fait compliment de ce qu'il eſt bien mis,
Son habit d'un bon goût, l'étoffe bien choiſie.
Viens dîner avec moi, mon ami, je t'en prie,
Lui dit-il à l'inſtant, je loge en tel endroit,
Le vin n'eſt pas mauvais, & ſurtout eſt fort droit,
Je pretens en bûvant te faire confidence
D'un ſecret qui me fait faire ici reſidence.
Chez lui cet Officier va ſur l'heure ordonner
Pour ſon ami, pour lui qu'on prepare à dîner :
Mais il ne penſe pas, faiſant coucher la broche,
Que plus de cent loüis ſont ſortis de ſa poche.
Qu'importe ? il eſt content, bientôt ſon protecteur
Doit le faire combler & de biens & d'honneur.
En ce lieu volontiers l'attendant il ſéjourne,
Les huit jours expirez chez ſon homme il retourne.

Monſieur de ſon voyage eſt encor fatigué,
Lui dit un Ecuyer pour cela delegué;
Venez dans quelques jours, & j'agirai de ſorte,
Que vous lui parlerez auparavant qu'il ſorte.
Au Roi tous les deux jours il va faire ſa cour;
Revenez à midi; car le reſte du jour
Il arrive ſouvent qu'il eſt en compagnie,
Il faut pour lui parler plus de ceremonie.
Eh bien puis qu'il le faut, je ne manquerai pas
De revenir devant, ou aprés ſon repas,
Se repaiſſant toujours d'une vaine eſperance,
Pour revoir ſes amis il court en diligence,
Cherchant à diſſiper par de nouveaux plaiſirs
Le délai fatiguant qui ſuſpend ſes deſirs.
Il s'en va chez l'un d'eux, & voit qu'on ſe diſpoſe
A joüer certain jeu, d'en être on lui propoſe;
Croyant que ce ſeroit une incivilité,
Contre la politeſſe une incongruité,
S'il alloit refuſer d'être de la partie,
Aprés leur avoir fait quelque ceremonie,
Dont on a de coutume en Province d'uſer,
Il conſent volontiers, deſirant s'amuſer.
Autour d'un tapis verd il va prendre ſeance,
Et met quatre loüis à la réjouiſſance.
Sans beaucoup s'étonner un Banquier opulent
Qui depuis fort long-temps a du jeu le talent,

Lui dit, je vous les tiens, & commence à tirer:
Mais dans le peu de temps qu'il faut pour respirer,
Il voit devant ses yeux une carte paroître
Qui fait à son abord ses loüis disparoître.
Cette somme perdue il fait reflexion
Que tout cela ne tend qu'à sa destruction;
Qu'il ne peut sans argent terminer son affaire;
Que pour y réussir ce train est fort contraire.
Sans rien dire à personne & sans plus retarder
Tout d'un coup du logis on le voit s'évader,
Chagrin contre le jeu, fâché contre soi-même,
Esperant neanmoins qu'usant de stratagême,
Avant la fin du jour il aura le bonheur
De trouver le moyen de voir son protecteur.
Il part dans ce dessein pour assieger sa porte,
Resolu d'y rester jusqu'à ce qu'il en sorte.
L'Ecuyer qui le voit va son maître avertir:
Cet Officier, Monsieur, vous attend à sortir;
Depuis un fort long temps je vois ce Capitaine
Autour de cet Hotel qui tout seul se promene.
Laisse-le promener, ses soins sont superflus,
Aujourd'hui sûrement d'ici je ne sors plus.
Pendant qu'il parle ainsi, Phebus conduit dans l'onde
Ses chevaux fatiguez de la course du monde;
Un reste de lüeur disparoît à ses yeux,
Il n'a plus aucun jour pour distinguer les lieux;

De ſes voiles épais une nuit fort obſcure
S'emparant de la terre & couvrant la nature,
Annonce à tous mortels avec la fin du jour
Que Phebus de long-temps ne ſera de retour.
Pour retourner chez lui cet homme s'achemine,
Beaucoup plus mécontent qu'on ne voit à ſa mine ;
Car à vous dire vrai, pour cacher ſon chagrin,
Sans le faire connoître il veut ronger ſon frein,
Dieu ſçait pendant la nuit de combien de penſées
Il ſe ſent agité ſur les choſes paſſées ;
En vain le Dieu Mo[illegible]ée [illegible] ſes pavots
Pour lui faire gouter la douceur du repos,
A peine le Soleil pour courir ſa carriere
Atteloit ſes chevaux & donnoit ſa lumiere,
L'Aurore ſe levant avec ſes cheveux blonds,
A peine commençoit de couvrir nos ſillons,
Qu'il s'en va d'une ardeur qui pour lors le tranſporte,
Chercher ſon protecteur & fraper à ſa porte.
Perſonne de l'Hotel n'étant encor levé,
Il lui faut demeurer long-temps ſur le pavé.
Aprés une heure & plus enfin la porte s'ouvre,
Déja quelques laquais de fort loin il découvre,
Qui pour avoir veillé pendant toute la nuit,
Habillez à demi ſortent de leur reduit.
Il demande à ces gens : Monſieur eſt-il viſible ?
Ma foi, lui diſent-ils, vous êtes bien riſible ;

Ignorez-vous encor que quand on est en Cour,
On fait du jour la nuit & de la nuit le jour ?
Tout le monde est ici dans un profond silence,
Revenez à midi, vous aurez audience,
Pour parler à Monsieur ce sera le moment,
De l'esperer plutôt c'est inutilement.
Sur le champ de l'Hotel notre homme retrograde,
Et va faire en grondant un tour de promenade.
Quelles reflexions ne fait-il pas alors ?
Combien dans son esprit de chagrins, de remords ?
Son argent dépensé revient en sa memoire :
En ce pays, dit-il, qu'on en fait bien accroire !
Que les hommes sont fous de venir à la Cour !
Tout est supercherie, on n'y voit que détour,
Le Courtisan hautain & dédaigneux & fourbe,
Qui veut que devant lui tout le monde se courbe,
Profond, impenetrable & traître sans remords ;
Je voudrois de bon cœur en être bien dehors !
Mais que me sert, dit-il, de parler de la sorte ?
Il faut, puisque j'y suis, bien ou mal que j'en sorte.
Midi vient de sonner, ne perdons point de temps.
En diligence il court pour retrouver ses gens :
Mais par malheur pour lui quelqu'importante affaire
L'a contraint de sortir plutôt qu'à l'ordinaire.
Est-ce ainsi que toujours on se rira de moi ?
Sans tarder davantage il s'en va chez le Roi,

Ayant pris promptement son habit le plus leste ;
En montant l'escalier on l'entend qui deteste,
La fureur dans l'esprit, la rage dans le cœur.
Mais qu'y rencontre-t-il ? Son rusé protecteur,
Qui d'une voix fort haute & de tous entendue
Lui dit, en l'embrassant : Ami, je te salue,
Je suis, je te promets, à toi dans un instant.
Il l'apperçoit courir & parler en courant,
Passer & repasser, & sans avoir d'affaire
Par son activité faire le necessaire :
On diroit à le voir & comme il se débat,
Que lui seul est chargé des détails de l'Etat.
Cet homme cependant est dans l'impatience,
Il s'approche de lui pour avoir audience :
Permettez-moi, Monsieur, de vous dire deux mots.
Ce Courtisan qui veut s'en défaire au plutôt :
J'y consens volontiers ; & pour joüer son rôle :
Eh bien ! le regardant pardessus son épaule,
Comment va ton affaire, & qu'es-tu devenu,
Ami, depuis long-temps que je ne t'ai pas vû ?
Dis-le moi, qu'as-tu fait ? en quel état est-elle ?
Eh de vous seul, Monsieur, j'en attens la nouvelle.
D'honneur, pour te parler juste & de bonne foi,
Je n'ai, depuis un temps, pas un moment à moi,
La Cour est un séjour où naissent mille affaires,
Et qui font negliger les choses necessaires ;

Les deux tiers de la vie on n'y peut être à soi ;
On y passe les jours, & l'on ne sçait à quoi.
Je compte au premier jour de parler au Ministre,
Pour une pension je veux qu'il t'enregistre ;
Et quand je l'aurai vû, s'il ne fait rien pour toi ;
J'irai, je te promets, la demander au Roi ;
J'arrangerai si bien chaque chose en sa place ;
Qu'il ne te pourra pas refuser cette grace.
Aprés cet entretient il s'en va promptement
Pour parler à l'écart mysterieusement ;
Et pour s'entretenir de chose indifferente ;
Qui par occasion à ses yeux se présente ;
Tandis que ce brave homme enragé de dépit
Jure contre la Cour & cent fois la maudit.
Quelques jours écoulez, enfin dans une rue
Ce fourbe protecteur lui paroît à la vûe ;
Il s'approche de lui, la main à son chapeau :
Serai-je encore ici long-temps le bec dans l'eau ?
Avez-vous sçû, Monsieur, tenir votre parole ?
Ne pouvez-vous me dire un mot qui me console
De l'argent qu'il m'en coute & du temps que je perds ?
Ne me parlerez-vous jamais que de travers ?
A t'entendre parler, tu crois que l'on dispose
D'un Ministre & d'un Roi comme d'une autre chose.
Sçais-tu bien, pour les voir, qu'il m'a falu saisir
Le moment favorable à te faire plaisir,

Et qu'on ne peut agir avec trop de prudence,
Quand d'un Miniſtre on veut gagner la bienveillance?
Lors qu'on le voit paſſer, il n'eſt point de Seigneur
Qui de l'accompagner ne s'en faſſe un honneur ;
Qui ne ſe croit heureux ſi dans toute ſa route
De quelque air gracieux il lui parle ou l'écoute.
Hier je pris ce moment pour lui parler de toi,
Je le priai trés-fort qu'il en parlât au Roi ;
Ce matin il m'a dit au retour de la Meſſe,
Qu'il s'étoit acquitté vers moi de ſa promeſſe ;
Que pour de penſion il n'y faut pas ſonger ;
Que le Roi ne veut pas ſon Etat ſurcharger ;
Qu'attendu cependant le temps de ton ſervice,
Et comme il ne veut point te faire d'injuſtice,
Il t'avoit accordé la Croix de ſaint Loüis.
Que d'Officiers ainſi de la Cour ſont ſortis,
Qui pour avoir voulu dans ce lieu ſe produire,
N'avoient en le quittant le ſol pour ſe conduire ?
Qu'on auroit vû chez eux s'en retourner à pied,
Si lors de leur départ leur hôte par pitié
Ne leur eût pas prêté quelque argent de ſa poche,
Ou bien n'eût pas voulu pour eux répondre au coche.

LE FINANCIER.

Veux-tu que ſur les rangs je mette un Financier ?
Sçachant trés-bien Barrême, habile en ſon métier,

Et qui par quelqu'impôt sçait l'art depuis long-temps
De tirer jusqu'au sang des plus honnêtes gens ;
Je veux prêter ma plume à cet oiseau sinistre,
Pour te décrire ici ce qu'il fait au Ministre.
Du fonds de sa Province arrivé depuis peu,
Pour donner quelqu'avis tu le vois en ce lieu
Courir chez le Ministre, & souvent à sa porte
De laquais insolens approchant la cohorte,
Leur demander par grace, ayant le chapeau bas ;
Monsieur est-il ici ? ne le verra-t-on pas ?
De quelle part, dit un, le chapeau sur sa tête ?
Avez-vous quelque avis ou bien quelque Requête
Que vous vouliez donner ? Daignez m'en éclaircir,
Je sçaurai bien moi seul vous faire réussir.
Je veux que vous sçachiez que le fait qui m'amene
D'être sçû de Monsieur en merite la peine ;
Ce n'est pas de ces faits qu'on doive reveler,
C'est un fort bon avis, faites-moi lui parler.
Parler à Monseigneur ? il faut bien du mystere,
Il n'écoute personne, & souvent est severe
A gens qui comme vous, sans être bien connus,
Viennent lui proposer des impôts inconnus.
Pour moi dans ce métier j'ai de l'experience,
Je viens lui proposer chose de consequence,
Par laquelle il pourra sans surcharger l'Etat,
S'enrichir & le Roi plus qu'aucun Potentat.

Tous

Tous les jours nous voyons des gens de votre ſorte
Faire mille projets, & que le vent emporte;
Inventer des moyens dont l'operation
Eſt impoſſible en ſoi dans l'execution;
Ainſi le premier pas que vous avez à faire,
Croyez-moi, c'eſt de voir Monſieur ſon Secretaire;
Il vous dira ſur l'heure avec fidelité
Si votre avis convient & s'il ſera gouté.
Comment auprés de lui pourrai-je m'introduire?
Pour vous faire plaiſir je veux vous y conduire.
Ce n'eſt pas ici l'heure où vous pourrez le voir;
Revenez le matin. Mais vous devez ſçavoir
Qu'en ce pays ici pour avoir audience
Avant que d'écouter on prend ſans conſequence..;
N'entendez pas, Monſieur, que je parle pour moi;
Car je pretens pour vous agir de bonne foi,
Vous rendre ce ſervice, & cela ſans ſalaire:
Mais je ſçai le chemin que prend pour l'ordinaire
Quelque nouvel avis qu'on vient lui propoſer,
Quand le donneur d'avis ne veut pas financer.
De grace recevez de ma reconnoiſſance
Ces deux loüis pour prix de votre bienveillance.
Votre affaire, Monſieur, prendra le bon chemin
Vous êtes ſûr d'avoir audience demain;
Si je vois aujourd'hui Monſieur le Secretaire,
Je ne manquerai pas de lui parler d'affaire;

Lui demander le temps de sa commodité,
Où l'on pourra le voir en toute liberté.
Mais à peine son homme est-il dedans la rue,
Et de quelque moment l'a-t-il perdu de vûe,
Que chez le Secretaire on le voit promptement
Courir pour lui parler de son engagement,
Lui raconter en bref tout ce qu'il vient de dire:
Ecoutez-moi, Monsieur, & je vous ferai rire.
Il est venu céans certain donneur d'avis,
Qui doivent, à l'entendre, être par vous suivis;
C'est un interessé qui vient de sa Province,
Qui veut vous enrichir, Monseigneur, & le Prince;
Il dit avoir trouvé le moyen d'imposer
Certains droits sur l'Etat qu'il veut vous proposer,
Que le Roi peut lever sans surcharger la France,
Qui lui rapporteront une grande finance.
Je me suis ce matin rencontré sous sa main,
Pour pouvoir vous parler je l'ai mis à demain.
Cet homme à sa façon me paroît à son aise;
Je l'ai déja connu, Monsieur, ne vous déplaise,
Tous ceux qui comme lui nous donnent des loüis,
Sont gens certainement qui doivent être oüis.
J'ai sçû le prévenir, que qui veut qu'on l'entende
Devoit premierement vous porter son offrande;
J'espere que de lui vous serez satisfait:
Il est, en me quittant, fort convenu du fait.

Marquez-moi donc une heure où vous pourrez l'en- [tendre,
Je ne manquerai pas avec lui de m'y rendre.
Eh bien demain matin venez ici tous deux,
Je connoîtrai bientôt s'il ne pense pas creux.
Entens-tu bien, Picard, ce que cela veut dire ?
Fort bien ! auparavant j'aurai soin de l'instruire.
Le lendemain matin on le voit accourir,
Comme un Medecin fait quand il veut secourir
Son ami bien malade auquel il s'interesse,
Ou bien un Courtisan qu'on voit fendre la presse,
Pour arriver en lieu d'être vû de son Roi,
Pour lui faire sa Cour & lui parler de soi.
Il demande Picard, & Picard se presente :
Vous viendrez, lui dit-il, à bout de votre attente,
Hier j'eus l'honneur de voir, vous en étant allé,
Monsieur le Secretaire, à qui j'ai bien parlé;
Il me dit qu'il étoit tout prêt à vous entendre.
Vous avez avec lui quelque mesure à prendre,
Venez donc avec moi, je vais vous y mener,
Contez lui votre fait sans beaucoup raisonner,
Lui seul prés Monseigneur peut vous rendre service,
Et vous rendra prés lui toute sorte d'office.
Monsieur, voici celui qui veut avoir l'honneur
De vous entretenir des fruits de son labeur.
Eh de quoi s'agit-il ? quelle est donc votre affaire ?
Avant que de parler, Monsieur le Secretaire,

Pour ne point contre moi de colere exhaler,
Je pretens de loüis ici vous regaler ;
Agréez cette bourse avant toute autre chose,
Et vous verrez aprés si ce que je propose
Ne vous est pas utile, à Monseigneur, au Roi,
Et si je n'aurai pas encor du bon pour moi.
Je ne veux m'expliquer, regardez ce memoire;
Par lui vous connoîtrez si j'en veux faire accroire.
Oui je le comprens bien, cela n'est pas mauvais :
Mais qui de tout cela voudra faire les frais ?
Ce sera moi, Monsieur, avec ma compagnie,
Pourveu qu'il plaise au Roi m'en donner la regie.
Sans faute à Monseigneur demain j'en parlerai,
Ce qui dépend de moi pour vous je le ferai.
Aprés l'avoir montré, s'il y voit quelque obstacle,
Ce qui pourroit fort bien arriver sans miracle,
Comme il s'en voit toujours dans tous les grands trai-
Vous pourrez aisément de ses difficultez [tez,
Applanir le chemin, & lui faire comprendre
Comment pour réussir vous voulez vous y prendre.
Venez dans quelques jours ; quant à moi je m'attens
Que vous serez content avant fort peu de temps.
De ce sinistre oiseau jugez de l'allegresse,
A peine est-il chez lui qu'il mande à sa maîtresse
L'esperance qu'il a de bientôt réussir,
Voulant la consoler, & tâchant d'adoucir

Par quelques termes doux ou par quelque finance,
La douleur que lui cause une si longue absence ;
Car pour tous Financiers c'est là le vrai destin,
D'avoir au lieu de femme une jeune Catin,
A laquelle surtout donnant la preference,
Sçavent la distinguer par leur magnificence :
Aussi dans ce moment rien n'est trop cher pour lui,
Il veut à quelque prix dissiper son ennui ;
Il cherche pour cela l'étoffe la plus belle,
Bagues & diamans, la plus fine dentelle,
Tabatiere, mouchoirs, service de vermeil,
Echarpe, montre d'or, cachet, étui pareil,
Rubans d'or & d'argent, gands, belle porcelaine,
Souliers, mulles & bas, & ceci par douzaine ;
Et de tous ces bijoux faisant un bon paquet,
A sa jeune Catin il l'envoit pour bouquet.
Chez son hôte on ne voit que regals, que bombances,
Dont il se fait honneur de faire les avances.
Il ne vit que de mets les plus delicieux,
Tels que se font servir tous Financiers chez eux.
Ainsi de son Memoire attendant la réponse,
Sa future misere aux mortels il annonce ;
Déja son coffre fort commence à se vuider,
A l'Hotel du Ministre il va sans plus tarder,
Il demande à parler au premier Secretaire.
Ce matin, lui dit-on, Monsieur est en affaire ;

En vain esperez-vous de le voir aujourd'hui,
Il est chez Monseigneur & travaille avec lui;
Il n'en sortira pas de toute la journée,
Revenez, s'il vous plaît, demain l'aprésdînée,
A trois heures sans faute il revient travailler,
Vous pourrez à cette heure aisément lui parler.
Chez lui ce Financier s'en retourne fort triste:
Mais que me sert-il, dit-il? il faut que je persiste;
Je suis sûr de mon fait, on ne peut m'accuser
Au Ministre & au Roi d'en vouloir imposer;
Cet avis est trop bon, en suivant mon Memoire
Je vois qu'au denier deux l'interêt est notoire;
Aucun jusqu'à present n'en a donné de tel.
Fondé sur cet espoir il retourne à l'Hotel,
Où d'abord de laquais une troupe assemblée,
Qui par lui dans leur jeu fut surprise & troublée,
En le voyant lui dit avec beaucoup d'hauteur:
Que cherchez-vous ici? que demande Monsieur?
Monsieur le Secretaire. Allez parler au Suisse,
Il vous en instruira, ce n'est pas notre office.
Il étoit bien besoin de venir dans ce lieu
Pour nous casser la tête & rompre notre jeu.
En ce pays ici vous êtes bien novice,
Voit-on ici quelqu'un si l'on ne parle au Suisse?
Tous ces gens de Province à les voir on diroit
Qu'on peut agir ici comme en tout autre endroit.

Monsieur, n'êtes-vous pas l'Officier de la porte ?
Oui je le suis, Monsieur, que cela vous importe ?
Mon épée, ma canne & mon grand baudrier
Ne dénotent-ils pas que je suis le Portier,
Lui répond un gros Suisse en tournant sa moustache,
Dont un coq pourroit bien se faire une pannache ?
Recevez ce loüis, & daignez m'enseigner
Ce Monsieur que l'on voit tous actes soussigner ;
Quel est donc celui-là ? C'est donc le Secretaire ?
Oui. De certains papiers il est dépositaire,
Que j'ai mis dans ses mains & que je veux r'avoir ;
Dites-moi, je vous prie, où je pourrai le voir.
Vous voyez ce Bureau, c'est là qu'il doit se rendre,
S'il n'est pas arrivé, là vous pouvez l'attendre.
Ah vous vous voila ! Bonjour. Eh bien à Monseigneur
J'ai lû votre Memoire, il y trouve une erreur ;
Il dit que cet impôt lui paroît impossible,
Que votre avis surtout n'est point intelligible ;
Que les dépens pourroient exceder le profit ;
Que pour lever ce droit votre état ne suffit :
Cependant il m'a dit aprés beaucoup d'instance,
Au Conseil sur cela qu'il feroit remontrance,
Et que pour peu qu'il fût dans le Conseil goûté,
Il le fera passer par son autorité.
Vous sçavez notre part, je n'ai rien à vous dire,
J'y consens volontiers, cela doit vous suffire.

Comment dans le Conseil on reçoit votre avis,
Si pour lever ce droit vos moyens sont saivis,
Revenez dans huit jours, je pourrai vous l'aprendre.
Je ne manquerai pas en ce lieu de me rendre.
Revenu de sa peur déja ce Financier,
Projette, ayant son bail, de ne faire quartier,
D'imposer à leur taud ceux qui sans privilege
Voudroient contre ce droit lui tendre quelque piege:
Mais il ne pense pas aux mesures qu'on prend
Pour donner à l'avis un tour tout different,
Qui produisant au Roi beaucoup plus de finance,
Lui fait perdre par là toute son esperance.
Il revient dans le temps, croyant que le Conseil
Approuvera l'avis comme étant sans pareil;
Il va directement chercher le Secretaire,
Pour apprendre de lui l'état de son affaire.
Helas! Monsieur, dit-il, je suis au desespoir,
On n'a point au Conseil voulu la recevoir;
Et quoique Monseigneur l'ait beaucoup soutenue,
Il n'a point obtenu qu'elle y seroit reçûe.
Voila ce Financier fort bien recompensé,
Et c'est ce qui cent fois à la Cour s'est passé.
Mais n'a-t-on pas raison d'en user de la sorte?
Sçauroit-on trop tromper cette indigne cohorte?
Qui voulant s'enrichir aux dépens du public,
Fait de son plus pur sang un infâme trafic.

L'AMANT *qui devient mari.*

Je chante d'un coucou la plaisante avanture,
Dont je veux aujourd'hui vous faire la peinture;
Ennuyé d'un pays éloigné de ces lieux,
Qu'enrichit l'ocean de ses dons précieux,
Pour pouvoir étaler ses talens, son merite,
Il crut devoir aller ailleurs chercher un gîte.
Le conseil étant pris, vers Paris il tourna;
Pour y paroître mieux dans le grand il donna;
Et quoi qu'il ne pût pas par lui-même le faire,
A peine pour bien vivre ayant le necessaire,
De son adroit genie empruntant du secours,
Au sexe feminin bientôt il eut recours.
Je ne vous dirai point tous les tours de finesse
Qu'il fit pour lui marquer son amour, sa tendresse.
Clarice pourroit mieux vous le dire que moi,
Qui pour lui se perdit en trahissant sa foi,
Sur des discours flateurs, sur de vaines promesses
Dont il a sçû depuis tromper maintes maîtresses.
Un homme de Palais desire être cheri
Plus delicatement que tout autre mari;
A moins qu'à tous momens son épouse fidelle
Ne paroisse à ses yeux, qu'il ne soit auprés d'elle,
Jaloux de son honneur il se croit en danger
D'être deshonoré par un jeune berger.

Oui telle est aujourd'hui des robins la manie,
Ils apprehendent tout d'une femme jolie,
Et sans penser que plus on la veut retenir,
Plus on la voit brûler de goûter le plaisir ;
Que vouloir la gêner, c'est exposer sa tête
Au danger évident de porter une crête.
La femme est un oiseau difficile à garder,
De sa cage souvent on la voit s'évader ;
Quand un mari bizarre à ses desirs s'oppose,
A devenir coucou tous les jours il s'expose :
La liberté pour elle est le plus sur moyen
Que contre son devoir elle ne fasse rien ;
Car celle qui sans foi quelquefois en abuse,
De l'humeur d'un mari pretexte son excuse ;
Et telle que souvent on voit pour un amant
De la foi conjugale enfreindre le serment,
Avec sa liberté seroit prude & fort sage,
Si son mari souffroit qu'elle en pût faire usage.
C'est ainsi que Clarice autorisa son jeu,
Qui malgré tous ses soins ne dura que fort peu.
Notre inconstant oiseau ne pouvant de la belle
Recevoir à son gré, lui fit une querelle ;
Il faloit pour l'avoir fournir à ses besoins,
C'étoit le seul moyen qu'il redoublât ses soins.
Mais dés qu'une maîtresse étoit dans l'indigence,
Qu'elle ne pouvoit plus fournir à sa dépense,

Comme on voit une abeille assembler tous les ans
Son miel de fleurs en fleurs au retour du Printemps,
Et puis se retirer dans sa maison obscure,
Pour s'y nourrir du suc de la fleur la plus pure;
C'est ainsi que souvent aprés avoir cueilli
Dans le jardin d'amour le fruit le plus joli,
Et succé jusqu'aux os plusieurs de ses maîtresses,
On l'a vû les quitter, méprisant leurs tendresses.
C'étoit assez pour lui d'avoir quelque comptant;
Son cœur étoit de glace, il n'étoit plus amant;
Ainsi malgré ses feux la charmante Clarice
De son amant volage éprouve le caprice:
Votre mari, Madame, a trop les yeux sur nous;
Il faut craindre, dit-il, sa fureur, son courroux.
Je mourrois de chagrin, je ne puis vous le taire,
S'il faloit qu'il connût notre amoureux mystere.
Je sçai que par des soins qui nous sont inconnus,
Pour pouvoir s'en instruire il agit tant & plus.
Vous connoissez l'effet de son humeur jalouse;
Je craindrois, non pour moi, mais pour sa chere épou-
Prévenons ces malheurs, & pour les éviter, [se.
Madame, j'aime mieux pour un temps vous quitter.
Clarice étoit assez par elle-même instruite;
De ce qu'il lui disoit elle en craignoit la suite.
Son époux plusieurs fois revenant du Palais,
A sa femme avoit dit: Cet oiseau me déplaît;

Ses assiduitez, son humeur enjoüée,
Me prouvent clairement que vous en êtes aimée :
Madame, croyez-moi, donnez-lui son congé,
Ou, je vous ferai voir qu'un époux outragé
Sur sa femme a des droits, & qu'il sçait par justice
La faire renfermer & punir sa malice.
Clarice maintefois en avoit entendu
Autant de son époux, sans l'avoir répondu ;
Car elle connoissoit & son humeur jalouse,
Et sçavoit le pouvoir de l'époux sur l'épouse.
Aussi c'en fut assez, songeant à son devoir,
Sur l'heure elle promit de ne le jamais voir.
A vous dire le vrai, je ne sçai si la belle
Tint sa promesse ou non : mais du moins la fit-elle ;
La honte ou le regret, la rage ou le dépit,
L'obligerent à dire alors ce qu'elle dit.
Qu'importe? notre oiseau sautant de branche en bran-
La quittant volontiers lui rendit la revanche ; [che,
De la Ville à la Cour il va porter ses vœux,
Esperant par ses soins être encor plus heureux.
L'esperance est pour l'homme un bien qui le fait vi-
Avec elle souvent il s'efforce à poursuivre [vre ;
Des faveurs & des biens qu'un obscur avenir
Le flate de pouvoir quelque jour obtenir,
Qui d'abord l'encourage, & souvent dans la suite
Se dissipe & se perd au fort de sa poursuite,

En aveugle le mene au comble des plaisirs ;
Et qui s'évanoüit malgré tous ses desirs.
Tel est le sort fatal de sa lueur flateuse,
Elle nous éblouit, mais toujours est trompeuse,
Sans procurer le bien, ni détourner le mal,
Souvent en esperant on meurt à l'Hôpital.
Plusieurs ont éprouvé par leur experience
La pure verité qu'ici je vous avance ;
Si quelqu'un par hazard content de soupirer
A trouvé son bonheur à force d'esperer,
Ce sont de ces effets qui par la providence
Arrivent quelquefois contre toute apparence ;
Et pour un qu'on a vû fondé sur son espoir
Obtenir les faveurs qu'il desiroit avoir,
J'en citerois cinq cens qu'une longue esperance
N'a pas sçû rendre heureux dans leur perseverance.
Qu'importe ? quelquefois l'amour capricieux
A celui qu'il lui plaît devient officieux,
D'un amant quand il veut les peines il abrege,
Et pour le rendre heureux c'est assez qu'il protege.
Par ses soins notre oiseau paroissant à la Cour,
Se fit considerer dans ce charmant séjour.
Une jeune beauté, que le rang me fait taire,
Sçut bientôt l'engager dans l'amoureux mystere ;
Et comme elle pouvoit fournir à ses besoins,
Il ne refusa pas de lui donner ses soins :

Auſſitôt le vit-on, changeant de perſonnage,
Paroître avec éclat dans un leſte équipage,
Arborer l'étendart d'un homme diſtingué,
Et mépriſer celui qui jadis l'a nargué.
Que ne pouvoit-il pas aimé de ſa maîtreſſe ?
Bien peu pouvoient comme elle étendre leur largeſſe;
Avec un fort haut rang elle avoit de grands biens;
Auſſitôt de Marquis il baptiſa les ſiens;
Et quoi qu'à peine avant il ſe dît Gentilhomme,
Il veut par ordre exprés que Marquis on le nomme.
Auſſi la qualité d'Ecuyer qu'il avoit,
Etoit un titre ſûr de Marquis par brevet.
Le voila donc Marquis, enté ſur la fortune,
Que par de grands preſens lui ſçait faire une brune.
Ce n'étoient que bijoux, rubis & diamans,
Tabatieres, mouchoirs, porcelaines, rubans,
Dentelles, montre d'or, étuis garnis, tablette,
Qu'il trouvoit chaque jour rangez ſur ſa toilette.
Tantôt il recevoit un ſervice d'argent,
Qu'on lui faiſoit tenir par un fidele agent;
Et tantôt pour fournir aux frais de ſa dépenſe,
De quelque bourſe pleine on payoit ſa conſtance.
C'eſt ainſi que long-temps par les ſoins de l'amour
Cet oiſeau fortuné fit figure à la Cour;
Chez le ſexe l'amour quelquefois lui fait peine,
On le cache de peur de paſſer pour vilaine:

Mais pour certaines gens à peu d'autres ſoumis,
Ils croyent follement que tout leur eſt permis;
Que le crime eſt chez eux un titre de Nobleſſe;
Qu'il faut abſolument avoir une maîtreſſe;
Que celui qui n'en a, c'eſt qu'il n'en peut avoir,
Ou que pour s'en faire une il n'a pas le ſçavoir.
C'eſt ainſi qu'on entend à la Cour, à la Ville
Aujourd'hui raiſonner & la femme & la fille:
Auſſi tout Cavalier s'en fait un point d'honneur,
Il met tout ſon plaiſir à poſſeder un cœur,
Qu'il a ſçû captiver par quelques douceurs feintes,
Par des diſcours flateurs, ou d'ennuyeuſes plaintes;
Et content de ſon ſort, ſans en voir le danger, [ger.
Pour voir long-temps ſa belle en perd juſqu'au man-
Combien n'en voit-on point aujourd'hui de ce nõbre,
Qui ne la quittent pas non plus que fait ſon ombre.
Claris en a porté ſa plainte à ſon amant;
Elle aime bien le voir, mais non pas ſouvent.
Il eſt vrai qu'à la Cour ce n'eſt pas là la mode,
Pour l'amante & l'amant l'amour eſt plus commode,
Il ſuffit que l'on ſçache où l'on pourra ſe voir,
De l'amour un coup d'œil ſçait faire le devoir;
Quelque mot en paſſant, un ſoûris, quelque geſte,
On a certains agens qui prennent ſoin du reſte,
A la faveur deſquels on joüit des momens
Qui ſemblẽt toujours courts aux plus heureux amans.

Par des ſoins redoublez de gens de cette ſorte,
En amant fortuné long-temps il ſe comporte,
Quand l'Envie aux yeux noirs, ou les ſoupçons jaloux
Armerent contre lui leur haine & leur courroux.
On enleve à ſes yeux ſa chere confidente,
De parens offenſez la colere s'augmente,
Et cherchent les moyens de le faire perir,
Ou du moins de la Cour de le faire bannir.
Pour en venir à bout on prend ſon domeſtique,
Sur l'amour de ſon maître ils veulent qu'il s'explique;
Par promeſſe ou par crainte ils veulent le tenter;
D'abord on lui promet du bien pour ſubſiſter:
Et s'il ne parle pas; enfin on le menace
D'encourir pour jamais leur haine & leur diſgrace.
Sa fidelité fut dans cette occaſion
Fortement expoſée à la tentation;
Un homme qui n'a rien que les gages d'un maître;
Peut bien [illegible] fidel, mais auſſi ne pas l'être;
Pendant un certain temps il peut bien balancer:
Mais quand on lui promet de le recompenſer;
Souvent il fait d'un maître un cruel ſacrifice,
Et prefere du bien à l'honneur du ſervice.
Pluſieurs ont éprouvé qu'il eſt trés-dangereux
De ſe trop confier à gens qu'ils ont chez eux:
Mais d'un bon domeſtique on n'a pas lieu de craindre,
De parler contre un maître on a beau le contraindre;

Il

Il sçait qu'en conscience il est de son devoir
Quoi qu'il sçache bien tout, de ne pas rien sçavoir :
Ainsi sur son amour son fidel domestique
A ces gens inquiets nullement ne s'explique,
Leurs biens ni leur credit ne pûrent l'ébranler ;
Jamais contre son maître il ne voulut parler ;
Mais desirant plutôt prévenir sa disgrace,
L'avertit en secret du coup qui le menace ;
C'est ainsi qu'il sortit de ce pas si fâcheux
Où tout autre galant eût été moins heureux.
Instruit de son malheur, aussitôt il consulte
Les moyens les plus sûrs pour éviter sa chûte,
Il se persuada que pour s'en garantir,
Il en devoit d'abord son amante avertir,
Afin que tous les deux prenant quelques mesures,
Ils se vissent encore en changeant leurs allures.
Mais quelque temps aprés faisant reflexion
Que c'étoit travailler à sa destruction,
Pour conserver ses jours comme un homme fort sage,
Aima mieux se priver de la voir davantage.
Revenu de sa peur, sans se trop affliger,
De la Cour à la Ville on le voit voltiger,
Cherchant quelque beauté pour lui conter ses peines,
La mettre, s'il pouvoit, de nouveau dans ses chaînes,
Qui le dédommageât de ce qu'il possedoit,
Ou du moins lui tînt lieu de celle qu'il perdoit.

Il ne fut pas long-temps sans en trouver quelqu'une,
Pour se mieux consoler il choisit une brune ;
Cette brune d'abord fit sa felicité,
Plus par ses agrémens que son trop de beauté ;
Car elle n'étoit pas de ces beautez brillantes,
Mais bien de ces beautez qu'on appelle piquantes,
Et qui se font aimer par un je ne sçai quoi,
Capable d'attirer les hommages d'un Roi ;
Aussi comme elle avoit des biens considerables,
Il sçut la preferer à d'autres plus aimables ;
Et quoi qu'elle pût bien donner à son amant
Quelques leçons d'amour, l'instruire sçavamment,
Marquis & Financiers, Directeurs, gens d'affaires
Ayant de ses faveurs été dépositaires,
Que lui-même le sçût, qu'il en fût bien instruit,
Puisque de ses amours il avoit vû le fruit,
A son char il attache un reste de constance,
Lui jurant de l'aimer avec perseverance.
La belle à ses sermens aussitôt se rendit,
A tous autres amans sa porte elle interdit ;
Et pour le voir souvent au fonds de sa ruelle,
Elle exigea de lui qu'il demeurât prés d'elle.
Pouvoit-il refuser ce qu'elle demandoit ?
N'avoit-il pas par là tout ce qu'il pretendoit ?
Le plaisir de la voir, qu'à tout autre il prefere,
Joint souvent à celui de faire bonne chere ;

Auſſi par ce moyen & ſans beaucoup de frais,
Dans le cœur de ſa belle il fit de grands progrés ;
Ce n'étoit plus pour lui que ris, que complaiſances,
Que douceurs, que plaiſirs, que feſtins, que bomban-
Son goût étoit le ſeul qui regloit ſes habits, [ces;
Rien n'étoit pas bien fait à moins qu'il ne le fiſt.
Dans peu de ſa maiſon il devint l'œconome,
Parmi ſon domeſtique étoit cet axiome :
Pour bien ſervir Madame il faut plaire à Monſieur.
Le domeſtique auſſi rechercha ſa faveur :
Pour quelques interêts étoit-il neceſſaire
De regler par douceur ou finir quelque affaire,
Il faloit que ſur tout il donnât ſes avis,
Et ſes avis par elle étoient toujours ſuivis ;
Ses ſentimens avoient toujours la preference,
D'y reſiſter c'étoit n'avoir pas de prudence.
Quand un ſi grand pouvoir l'amant peut exercer,
L'amante n'a plus droit de lui rien refuſer ;
L'amour en ce moment exerce ſon empire,
Un amant obtient tout, c'eſt aſſez qu'il deſire.
Auſſi profita-t-il de cette occaſion,
Pour lui faire à ſes pieds ſa declaration :
Madame, lui dit-il, vous êtes la maîtreſſe
De mon cœur, qui pour vous eſt rempli de tendreſſe ;
Du vôtre vous pouvez maintenant diſpoſer,
Sans plus perdre de temps il faut nous épouſer ;

L'amour qui nous unit doit vous servir de gage
Que nous serons heureux par notre mariage.
Cette belle à ces mots, sans beaucoup s'étonner :
Qui pourra, lui dit-elle, un jour me cautionner ?
Quand je ne pourrai plus vous refuser sans crime
Certains droits qui sont dûs à l'époux legitime ;
Que vous ne pourrez pas contre moi vous fâcher,
Et malgré ma tendresse un jour me reprocher
Les feux dont j'ai brûlé, mon amour, ma foiblesse
Pour quelqu'un que j'ai crû digne de ma tendresse,
Certains attachemens que vous n'ignorez pas,
Et que pour lors mō cœur pour vous n'ait plus d'apas.
Reposez-vous sur moi, ne craignez point, Madame,
Qu'aucun ressouvenir puisse éteindre ma flâme ;
Mon cœur comme le vôtre a goûté longuement
Les frivoles douceurs d'un tendre engagement.
J'ai sçû l'en garantir, & j'espere du vôtre
Que me l'ayant promis il deviendra tout autre.
Ces mots en soûpirant prononcez tendrement,
La firent consentir aux nœuds du Sacrement.
Le brüit s'en répand, un chacun en raisonne,
Dans Paris à l'instant plusieurs noms on lui donne ;
L'un le traite de fat, l'autre de bas percé,
Celui-ci de sans cœur, celui-là d'insensé ;
Il est de tout Paris la risée & la fable.
Mais de ce mariage en est-il si blâmable ?

Quand on trouve du bien, on peut se consoler
De ces esprits malins qui veulent contrôler ;
Et celui d'entre vous aujourd'hui qui le blâme,
Voudroit bien à ce prix épouser une femme.
Pour moi, sans l'offenser, je dis : C'est un Marcou
Qu'on voit changer son nom en celui de coucou.

FIN.

APPROBATION.

JE soussigné Maître ès Arts en l'Université de Paris, ai lû par ordre de Monsieur le Lieutenant General de Police un Manuscrit en Vers qui a pour titre, *L'Esprit de la Cour*, dont on peut permettre l'impression. A Paris ce 12. Novembre 1724.

PASSART.

PERMISSION.

PErmis d'imprimer. Ce douze Novembre mil sept cens vingt-quatre.

RAVOT D'OMBREVAL.

Registré sur le Livre de la Communauté des Libraires & Imprimeurs de Paris, n. 1347. conformément aux Reglemens, & notamment à l'Arrêt de la Cour du Parlement du 3. Decembre 1705. A Paris le premier Decembre mil sept cens vingt-quatre.

Signé, BRUNET, *Syndic.*

www.ingramcontent.com/pod-product-compliance
Ingram Content Group UK Ltd.
Pitfield, Milton Keynes, MK11 3LW, UK
UKHW020455230726
13925UKWH00005B/1948

9 782014 048322